AF562007

DES
ÉLECTIONS
PROCHAINES.

DE L'IMPRIMERIE DE RENAUDIERE,
RUE DES PROUVAIRES, N°. 16.

DES

ÉLECTIONS

PROCHAINES,

PAR M. BENJAMIN DE CONSTANT.

A PARIS,

Chez PLANCHER, Libraire, rue Serpente, n°. 14;
DELAUNAY, Libraire, Palais Royal, Galerie de Bois;
Et HUBERT, Libraire, Palais Royal, Galerie de Bois, n°. 222.

1817.

On trouve chez les mêmes Libraires,

Questions sur la Législation de la Presse en France, et sur la doctrine du ministère public, relativement à la saisie des écrits, et à la responsabilité des auteurs et des imprimeurs, par M. Benjamin de Constant; seconde édition, 1 vol. in-8o. : prix, 2 fr.

Considération sur le projet de loi relatif aux élections, adopté par la chambre des députés, par M. Benjamin de Constant, in-8o. : prix 1 fr. 25 c.

De la Doctrine politique, qui peut réunir les partis en France; par M. Benjamin de Constant; seconde édition, revue et corrigée : prix, 1 fr. 25.

Manuel des Braves, ou *Victoires des armées françaises* en Allemagne, en Italie, en Egypte, en Espagne, en Russie, etc. dédié aux membres de la Legion-d'Honneur, par Léon Thiessé, Eugène B**, et plusieurs militaires; 4 vol. in-12, ornés de gravures et de cartes du théâtre de la guerre : prix, pour les souscripteurs, 3 fr. le vol., et 4 fr. pour ceux qui n'ont pas souscrit.

Le premier et le second volume sont en vente.

OEuvres complètes de Voltaire en 35 vol. in-12, *sans changemens ni suppressions*, augmentées d'un grand nombre de pièces inédites, et ornées de trois portraits.

Déjà le dixième volume est en vente; prix, 3 fr. 50 c. en pap. d'Auvergne, et 7 fr. en pap. vélin.

Un littérateur distingué s'occupant d'un travail sur le siècle de Louis XIV et le précis de Louis XV, j'ai laissé en arrière les volumes onze et douze.

Gravures pour l'édition de Voltaire en 35 vol. in-12, *et celle en cinquante*. Première livraison, composée de douzes gravures, imprimées sur vélin, et satinées; prix, pour les souscripteurs, 6 fr.

Les mêmes, pour les éditions in-8o., prix 9 fr.

La seconde livraison paraîtra en novembre prochain, et la troisième, à la fin de l'ouvrage.

DES

ÉLECTIONS PROCHAINES.

I.

Beaucoup de brochures et d'articles de journaux paraissent aujourd'hui sur les élections. C'est un heureux symptôme. Il annonce la renaissance de l'esprit public. De quelque manière que les citoyens s'occupent de leurs intérêts, la chose importante, c'est qu'il s'en occupent. L'on doit convenir qu'ils n'ont jamais eu plus de motifs d'y penser. Jamais élections ne furent plus décisives et les devoirs de nos députés seront divers et difficiles à remplir.

Je ne parlerai pas de ce qu'ils auront à faire pour appuyer le gouvernement dans ses négociations avec l'étranger. Les engagemens sont sacrés, mais il est un terme aux demandes.

Elles ne sauraient se grossir chaque jour de prétentions individuelles, qui deviendraient enfin non moins impossibles à évaluer qu'à satisfaire. Les gouvernemens de la France ont toujours eu, aux yeux de l'Europe, une force immense, quand elle a vu qu'ils étaient d'accord avec la nation. La sagesse de nos représentans, leur courage, qui sera aussi une sagesse, leurs vœux unanimes, hâteront peut-être l'époque de la libération de la France, et alors affranchie de toute influence et de toute intervention non nationale, elle prouvera au monde que sa raison lui suffit pour maintenir son repos chez elle et respecter le repos de ses voisins.

Les garanties que la charte nous a assurées, les droits qu'elle nous a reconnus, attendent une existence réelle : car des lois d'exception pèsent encore sur nous. Nos représentans examineront si ces lois d'exception peuvent et doivent être prolongées. La liberté de conscience, la plus sacrée de nos propriétés intellectuelles et morales, a été formellement proclamée. Il faut que rien ne jette du doute sur ces proclamations solennelles. La liberté de la presse est incertaine et précaire. On n'en jouit qu'avec inquiétude, et par conséquent sans calme et sans modération : car la modération et le calme n'existent point sans sécurité. Nos députés sauveront la liberté de la presse des lois temporaires qui la tuent. Ils corrigeront les lois permanentes en vertu desquelles tous les écrivains sont condamnés. Ils rechercheront s'il ne faut pas délivrer le ministère de cette surveillance des journaux, qu'il s'est imposée et qui le condamne à des soins si puériles, et à une responsabilité si minutieuse. La charte consacre et la nation réclame la liberté individuelle; mais des lois de deuil, émanées de tous les régimes, et que leur date seule flétrit, semblent destinées à faciliter sa violation. Il faut que notre législation, à cet égard, cesse d'être confuse et captieuse, et que les agens qui méconnaîtraient nos droits n'aient plus de prétextes ou plus d'excuses. Notre Code pénal est un monument de rigueur despotique, et il est doux pour les amis du gouvernement de pouvoir l'attribuer à une autorité antérieure. Mais il est indispensable de revoir ce Code, dans lequel les peines sont sans proportion avec les délits, qui prodigue la mort et prolonge les détentions avec une légèreté barbare, et qui a fait revivre ces supplices absurdes, dont l'effet est de forcer les condamnés flétris à jamais, à persévérer dans le crime, lors même qu'ils l'ont expié par le châtiment. L'institution du jury, subordonnée au choix des préfets, perdrait son efficacité si on n'assurait mieux son indépendance. Les cours prévôtales ont heureusement besoin d'une sanction nouvelle. La responsabilité des ministres n'existe qu'en principe. La loi qui en réglera les formes ne saurait être trop modérée, si l'on veut qu'elle soit exécutable : mais elle fera cesser enfin cette confusion entre le pouvoir ministériel et le pouvoir royal, confusion qui met en danger la monarchie et la liberté. Il n'y a, dans un état, de vie politique, que lorsque les droits des fractions sont respectés. Ils ne sauraient l'être quand ils ne sont pas défendus par les fractions elles-mêmes. Le système municipal, qui seul peut faire jouir les habitans des monarchies modernes, des avantages du fédéralisme, en le combinant avec l'action nécessaire du pouvoir central, doit être organisé sans retard.

Pour remplir des fonctions si importantes et si variées, quels hommes faudra-t-il nommer?

II.

Choisissons, nous dit-on, de bons citoyens, des hommes modérés, ennemis des deux extrêmes.

Mais tout le monde se prétend bon citoyen.

Tout le monde se croit modéré, et chacun l'est, quand on se compare à d'autres. Personne ne convient qu'il veuille un des deux extrêmes.

On nous recommande les grands propriétaires, ou les capitalistes, ou les commerçans, ou les hommes de lettres, et chacun se décide plus particulièrement, suivant son inclination, en faveur de l'une ou de l'autre de ces classes.

Mais la force des choses fera pencher la balance d'après les circonstances locales, et non d'après une doctrine exclusive : et aucune de ces classes ne manquera de représentans.

Le commerce et l'industrie sont aujourd'hui les régulateurs des états et les arbitres des gouvernemens. J'ai prouvé ailleurs que ces deux puissances avaient changé la face du monde. Tandis que les peuples anciens étaient presque uniquement guerriers, les peuples modernes sont essentiellement commerçans. Toutes nos institutions doivent subir les changemens que cette différence rend nécessaires ; et ces changemens sont un bien réel, un pas immense dans le sens de la liberté et des lumières. Car le commerce ne vit que par la liberté. Il l'introduit partout sans convulsions et sans violences. Il la fonde sur des bases solides. Il limite la puissance des gouvernemens sans les attaquer. Il donne à la propriété une qualité nouvelle, la circulation ; par-là même, non-seulement il affranchit les individus, mais en créant le crédit, il rend l'autorité dépendante. Quand le crédit n'existait pas, les gouvernemens étaient plus forts que les particuliers. Mais par le crédit, les particuliers sont plus forts que les gouvernemens de nos jours. La richesse est de toutes les puissances la plus disponible dans tous les instans, la plus applicable à tous les intrêtés, et par conséquent la plus réelle et la mieux obéie. La philosophie a pu déclarer les principes de la liberté : le courage héroïque a pu la défendre ; mais c'est au commerce et à l'industrie, à ces deux forces, d'autant plus indépendantes qu'elles ne demandent à l'autorité que de ne pas se mêler d'elles ; c'est au commerce, dis-je, et à l'industrie, à fonder la liberté, par leur action lente, graduelle, que rien ne peut empêcher.

Il résulte de là que, chez toute nation, libre à la manière des peuples modernes (car je ne parle pas de la liberté, pour ainsi dire, antique, de quelques démocraties reléguées dans des montagnes), le commerce doit avoir une influence très-étendue, et cette influence se fera naturellement sentir dans les élections de toutes les grandes villes de France.

Dans les parties de ce royaume, moins riches et moins avancées, où la propriété foncière domine, les grands propriétaires seront élus s'ils le veulent. Les patrons, qui ont de nombreux cliens, sont toujours portés par leur clientelle. Enfin, ceux qui ont répandu le plus de lumières, apparentes, ou réelles, sur les discussions politiques, auxquelles l'esprit public met tant d'intérêt, ont aussi des chances.

Ce n'est pas là qu'est la question. Je vais essayer de la poser.

III.

Si tout le monde s'entendait bien, tout le monde serait d'accord sur la liberté; car tout le monde la veut au fond. Il n'y a personne qui ne veuille le repos, la sécurité, la jouissance de ses biens, la sûreté de sa vie; enfin tous les avantages que la liberté donne. Mais bien des gens veulent la conséquence sans songer au principe, et prétendent cueillir les fruits sans prendre soin de l'arbre.

Il y a donc parmi les propriétaires, les capitalistes, les commerçans et les écrivains, des nuances d'opinions différentes.

On peut réduire ces nuances à trois principales.

Je place dans la première les partisans de l'ancien régime ; dans la seconde, ceux qui croient qu'en respectant le nouveau, il faut l'appuyer du secours momentané des lois d'exception ; dans la troisième, ceux qui voudraient essayer de faire marcher la monarchie constitutionnelle, sans autre assistance que la liberté constitutionnelle.

Je suppose ces trois nuances d'opinion ou ces trois partis également amis de la charte.

Le premier veut seulement la concilier avec ses souvenirs, et la rapprocher, sans la détruire, des anciennes institutions qu'il regrette.

C'est par amour pour la charte que le second craint de l'exposer trop vîte au grand air ; et s'il en use sobrement, c'est afin de la laisser se fortifier dans l'ombre.

Le troisième parti, enfin, aime la charte pour en jouir. La révolution, dit-il, a été faite pour la liberté. La charte a consacré ce que la révolution avait conquis de bon, en écartant ce qu'elle avait eu de déplorable. Affermissons la charte, terminons la révolution, en donnant à la nation ce qu'elle a voulu, et faisons-lui chérir sa constitution, en lui en accordant les avantages.

Comme on le voit, je n'accuse personne ; je

n'inculque la défiance contre personne ; je ne suppose point un quatrième parti, méditant le renversement de nos institutions actuelles. Si je supposais qu'un tel parti existât, je ne le ferais encore entrer pour rien dans mes calculs. Il n'aura jamais de force, si le gouvernement ne lui en prête. Le gouvernement ne pourrait lui en prêter, qu'en méconnaissant son propre intérêt ; et alors, comme tous les maux seraient déchaînés, toutes les spéculations seraient inutiles.

Voilà donc la véritable question. A quelle nuance d'opinion nos députés doivent-ils appartenir?

IV.

Je dirai peu de mots sur les hommes connus par leur attachement à l'ancien régime, et je placerai d'abord ce parti dans l'hypothèse la plus favorable, en prévenant même le lecteur que je ne me sers du mot de parti que pour désigner l'identité d'opinion, et nullement dans une acception fâcheuse ou malveillante.

Ce parti donc, éclairé par l'expérience, a renoncé, je veux le croire, à remonter le fleuve dont le cours uniforme et irrésistible nous entraîne depuis trente ans. Il a vu qu'on ne pouvait rétablir le régime détruit, dans l'état dans lequel la révolution l'avait trouvé. Mais considérant cette révolution comme une grande erreur ou comme un grand crime, il voudrait, en se résignant à ce qui est irréparable, effacer les vestiges d'un bouleversement qui lui semble coupable et funeste. Il travaille à rapprocher la charte des anciennes formes, à y faire pénétrer l'esprit qui animait autrefois la monarchie. Il tend sur-tout à n'en confier la garde et l'exécution qu'aux hommes anciens. La réintroduction dans le langage légal d'une dénomination abolie, lui paraît une conquête, et il voit un sujet d'espoir et de triomphe dans toute portion du pouvoir, remise au nom de la charte à un ennemi de la révolution. On ne trouvera, je l'espère, cette définition ni sévère, ni injuste. Maintenant, examinons ce système.

J'ai reconnu moi-même souvent qu'il fallait apporter la plus grande prudence dans les changemens politiques qu'on voulait opérer; qu'il était bon, quand la chose était possible, de rattacher les améliorations aux institutions déjà établies, et que réparer valait mieux qu'abattre pour reconstruire.

Mais quand tout a été abattu, quand une révolution a eu lieu, quand on ne peut pas faire que cette révolution n'ait pas eu lieu, quand toute la génération jeune, forte, active, est née ou du moins a reçu ses premières impressions pendant ou depuis les bouleversemens que cette révolution a causés, quand l'un des effets de cette révolution a été de persuader à toute cette génération nouvelle que des droits précieux ont été reconnus, des abus intolérables détruits, il est dangereux de rattacher ce qui existe et ce qui doit être conservé à ce qui existait.

Agir ainsi, quand il est question d'améliorations paisibles, qu'on peut graduer à sa fantaisie, c'est appuyer le présent de toute l'autorité du passé. Mais après une chose faite, qui a frappé le passé d'une défaveur, juste ou injuste, n'importe, ce serait reporter la défaveur du passé sur le présent.

Or, une grande partie de notre génération est convaincue que l'ancien régime était très-vexatoire. Elle a été élevée dans cette idée. Ce qu'on lui a dit sur ce régime, ce qu'elle en a lu dans des ouvrages écrits pendant qu'il existait, a fait sur elle une forte impression. Il est oiseux de rechercher jusqu'à quel degré cette impression est fondée, et si les philosophes qui l'ont produite, ont ou n'ont pas été coupables d'exagération. L'effet est là. Ce n'est pas la peine, pour éclaircir une question historique, d'exciter des alarmes, et de prolonger des inquiétudes. Ce qu'on a raconté à cette génération des excès révolutionnaires ne l'a point réconciliée avec l'ancien régime. La loi des suspects ne l'a point conduite à regretter les lettres de cachet, ni l'horrible proscription des prêtres en 1793, à trouver justes les dragonades et le supplice des ministres protestans. En conséquence, tout ce qui lui semble avoir pour but de ramener l'un ou l'autre système, lui est également odieux. Ce qui lui rappelle 1793 l'effraie ; mais elle est très-décidée à ne pas remonter à 1787.

En vain tirerait-on de quelques apparences contraires des conclusions qui seraient fausses. On a cherché à parer la haine de la révolution d'un vernis d'élégance et de mode, et quelques jeunes gens s'y étaient laissé prendre, charmés, comme on l'a dit, de se mettre du côté des ruines, pour se donner l'air d'avoir été renversés avec ce qu'il y avait eu de plus illustre. Mais toutes les fois qu'on en est venu aux choses positives, le sentiment réel, le sentiment né de la révolution, celui de l'égalité des droits et de la révolte contre les priviléges, s'est manifesté. Je prendrai pour exemple ce qui s'est passé récemment. L'on a voulu profiter d'un léger ridicule, pour réintroduire dans l'opinion ce grand axiôme du despotisme, que nul ne doit sortir de la condition où le hasard l'a placé. Tant qu'on a déguisé cette maxime sous des plaisanteries plus ou moins gaies, l'opinion a pris le change, et s'est amusée. Mais aussitôt que le succès, ayant donné plus de hardiesse aux développemens et d'impertinence aux railleries, a laissé percer une intention que, malgré la défaveur de ce mot, j'appelerai aristocratique, l'opinion est revenue sur ses pas. Elle a reconnu la nécessité de proclamer de nouveau que toutes les professions utiles étaient honorables, que la prétention même puérile de ressembler aux défenseurs de la France avait pour base un sentiment digne de respect ; et elle a désavoué formellement les mesures rigoureuses, les jeux de mots déplacés et les insolentes épigrammes. C'est donc rendre un mauvais service à la charte que de l'associer aux souvenirs de l'ancien régime. Cet amalgame, qui satisfait quelques hommes méthodiques, inquiète et désoriente la masse.

Ma conviction, à cet égard, est tellement profonde, que bien différent de ceux qui, lorsque leur raison, plus puissante que leur esprit de parti, les contraint à reconnaître quelque chose de bon dans ce que la révolution a établi, cherchent à en retrancher l'air de nouveauté, et à en reporter la date trente années plus haut ;

je voudrais, si je ne croyais la vérité au-dessus de toutes choses, que tout ce qu'il peut y avoir eu de bon dans l'ancien régime, se pût attribuer à la charte seule, pour qu'elle en recueillît tout le mérite, et n'eût rien à craindre d'une alliance plus ou moins suspecte. La charte doit paraître un ouvrage neuf, également éloigné de la tyrannie révolutionnaire et du despotisme de Louis XIV. On en saura plus de gré à son auguste auteur; on s'appuiera sur elle avec plus de confiance.

Voilà pour le principe en lui-même. Tout parti qui voudra faire disparaître l'intervalle qui sépare et qui doit séparer la charte et l'ancien régime, nuira à l'une sans servir l'autre.

Quant aux hommes qui peuvent ou qui ont pu se laisser séduire par ce principe, je suis loin de penser qu'il n'y ait point parmi eux d'amis sincères de la liberté. Je crois à la raison de plusieurs, à la loyauté d'un plus grand nombre; mais je demande quelque temps encore pour me livrer, sans hésitation, à ces présomptions favorables, et pour confier le maintien des doctrines constitutionnelles à ceux qui, durant trente ans, ont tout essayé pour que ces doctrines ne triomphassent pas.

Chaque jour, sans doute, ajoute à leurs lumières. Ils ont profité des leçons de l'expérience. Mais sont-ils déjà bien sûrs, eux-mêmes, de ce qu'ils seraient, s'ils se retrouvaient en majorité? Je crains pour eux l'atmosphère d'une assemblée, l'entraînement des paroles, l'ardeur qu'on puise dans l'assentiment des auxiliaires, l'irritation qu'excite la résistance des opposans. Je crains les succès de l'éloquence, l'envie de passer d'un triomphe à l'autre, les engagemens contractés par les assertions animées, par les métaphores hardies, dont les plus violens s'emparent comme d'un symbole politique, qu'ensuite on n'ose plus rétracter. Je crains la responsabilité des partis et la solidarité des alliances.

Si, par impossible, les élections donnaient la majorité à cette nuance d'opinion, je tremblerais de voir l'assemblée rentrer dans la route interrompue. Un nouveau 5 septembre ne peut être le but des opérations qui vont avoir lieu.

D'autres appréhensions me tourmentent encore. Les hommes dont je parle ont vaillamment combattu, l'année dernière, pour nos libertés les plus précieuses. Tous ont montré du zèle, plusieurs du talent, quelques-uns de l'adresse. L'évidence, la justice étaient de leur côté. Ils ont cependant toujours été entourés de certains soupçons, qui affaiblissaient leurs argumens et qui décréditaient leur logique. Au lieu de traiter avec eux les questions de droit, on rappelait des faits personnels. Au lieu de discuter leur opinion, on leur objectait des discours, hélas! trop récens dans un sens contraire : mauvaise dialectique, mais d'un effet infaillible dans une assemblée, et grace à laquelle la peine de l'erreur retombe sur la vérité. Ainsi, redoutables ennemis, ils ont été, malheureusement, des défenseurs assez inutiles. Les lois sévères de 1815 avaient été votées parce qu'ils les voulaient; les lois sévères de 1816 et de 1817 ont été votées parce qu'ils ne les voulaient pas. L'opinion que j'exprime me paraît être l'opinion nationale. La nation n'a pas de rancune, mais elle a de la mémoire.

La lutte sera donc, je le pense, entre la seconde nuance d'opinion que j'ai indiquée et la troisième, c'est-à-dire, entre ceux qui prétendent que, pour affermir une constitution, le meilleur moyen est de la suspendre, et ceux qui pensent que, lorsqu'on a une constitution, l'on ne saurait en jouir trop complètement.

V.

Il y a, en faveur de la suspension des constitutions, en faveur des lois d'exception et de circonstance, en faveur des mesures extraordinaires, de très-belles choses à dire. Si je voulais les reproduire, avec toute la pompe de l'éloquence, avec toute la chaleur de la conviction, j'ouvrirais le Moniteur au hasard, pour le copier depuis 1792. Je ne sais trop quand je le fermerais. Mais cette collection volumineuse me fournirait des raisonnemens à choix. J'y trouverais « que les » premiers momens d'une constitution ne sont » point propres à laisser aux citoyens les garan- » ties de cette constitution; que les constitutions » sont des citadelles assiégées, et que la garnison » doit en sortir pour disperser les assiégeans; que » ceux qui plaident pour les constitutions les em- » brassent pour les étouffer. » J'y trouverais « que » la nécessité des lois de circonstance éclate d'au- » tant mieux, qu'elles rencontrent plus d'oppo- » sition; qu'au premier aspect de ceux qui les » combattent on démêle que leur répugnance » vient de la crainte qu'ils ont d'en être frappés; » qu'une telle crainte, à la proposition seule, an- » nonce combien la loi sera salutaire. » J'y trouverais « que ce n'est point pour les exécuter qu'on » demande de pareilles lois, que leur existence » rend leur exécution inutile ; qu'armée de plus » de force, l'autorité sera moins souvent dans le » cas d'y recourir, et qu'on a toujours vu que les » gouvernemens sont d'autant plus doux, qu'ils » ont plus de moyens d'être arbitraires. »

Voulons-nous entendre, pour la centième fois, toutes ces belles choses ? Choisissons les hommes qui nous les ont dites sans interruption depuis vingt-cinq ans. Notre espérance ne sera pas trompée. Nous pouvons être sûrs qu'il nous les rediront.

Avant néanmoins de nous décider, voyons où ces choses nous ont conduits toutes les fois qu'on nous les a dites.

Si, depuis la révolution, la France a dû être sauvée par des lois d'exception et de circonstance, certes, jamais pays ne fut sauvé plus souvent. Toutes les lois de ce genre, qu'on a demandées à ceux qui nous représentaient, ont été votées. Il n'y a pas d'exemple qu'une assemblée se soit refusée aux raisonnemens, et sur-tout aux métaphores que j'ai rapportées. Une seule a résisté. Toutes les autres ont livré au gouvernement, quel qu'il fût, la constitution pour la garantir du danger d'être observée.

Celle qu'on a nommée de l'an 3 a été secourue, même avant sa naissance, par la loi du 3 brumaire, qui suspendait plusieurs de ses articles, et vers sa chute par la loi des ôtages qui l'anéantissait. Celle qu'on a nommée de l'an 8, a eu pour appuis les mises hors de la constitution, les tribunaux spéciaux, les sénatus-consultes organiques. Les lois de circonstance n'ont donc manqué ni à la constitution de l'an 3, ni à la constitution de l'an 8.

Si Pergama dextra
Defendi possent, etiam hac defensa fuissent.

Elles ont disparu toutes les deux.

Je suis loin de penser que le même péril nous menace. Notre charte est meilleure que nos constitutions précédentes : et je ne compare point nos ministres aux gouvernans inexpérimentés, ombrageux, mal adroits, divisés, que nous avons eus si long-temps.

Cependant, quand une chose essayée par beaucoup d'hommes réussit toujours mal, il devient probable que la faute en est moins à la malhabileté des hommes qu'à la nature de la chose même.

Reproduire des idées générales sur les lois de circonstance, serait répéter ce que tout le monde sait par cœur. Depuis qu'on en souffre, on a eu tout le temps de compléter ses méditations et de varier ses plaintes. Je ne pourrais trouver, à ce sujet, une phrase que je n'aie écrite vingt fois sous tous les régimes. J'aime mieux passer tout de suite aux applications particulières, et laissant de côté tout le passé jusqu'à ce jour, examiner quel effet aurait à l'avenir la prolongation des lois de cette espèce, si les députés que nous allons nommer donnaient aux partisans de ces lois, une majorité contre laquelle se briseraient les raisonnemens et les expériences.

VI.

Nos lois d'exception sont au nombre de quatre, la suspension de la liberté individuelle, l'arbitraire sur les journaux, la loi sur la presse, et la création des Cours prévôtales. Car je place parmi les lois d'exception la loi sur la presse, bien qu'elle ait été présentée comme permanente, parce qu'il est clair, d'après ce qui s'est passé récemment, et aussi d'après les explications insérées presque officiellement dans le Moniteur, que cette loi a manqué son but, et qu'elle doit être entièrement refondue. Je place aussi dans cette catégorie l'établissement des Cours prévôtales, bien que permis par la charte, parce que ces Cours sont des tribunaux extraordinaires et reposent sur le principe des lois d'exception.

J'ai déjà dit que je laissais de côté le passé, et en effet je ne prétends nullement examiner si le ministère a fait ou non, de ses pouvoirs extraordinaires, un usage modéré.

Mon désir n'est point d'attaquer des hommes, et j'aime toujours à raisonner d'après la supposition la plus favorable. Mais je demanderai, et j'en appellerai au ministère, si toutes les fois qu'il s'est prévalu de la prérogative inquiétante que lui conférait la suspension de la liberté individuelle, il n'a pas démêlé, dans l'opinion, un sentiment de peine et d'alarme, s'il n'a pas aperçu que ce sentiment ne s'appaisait point, même quand l'objet d'une sévérité non motivée était rendu à la liberté. Ce sentiment n'aurait pas existé, si la marche légale eût été suivie.

Quand on s'en tient aux lois ordinaires, un détenu peut être absous, et le ministère est toujours censé avoir rempli son devoir. L'arrestation n'est qu'un accident inséparable de la condition sociale. Pourvu qu'une autre condition sociale soit remplie, celle de laisser vérifier les faits par les tribunaux, l'autorité ne peut être blâmée d'avoir voulu que les faits fussent vérifiés. Mais les détentions arbitraires ont cet inconvénient, pour l'autorité, que leur réparation même ressemble à un tort, parce que le public conclût de leur cessation à leur inutilité.

Pourquoi donc blesser l'opinion par des mesures inconstitutionnelles quand les lois suffisent? Bien que la suspension de la liberté individuelle confère aux ministres le droit d'arrestation sans causes connues, elle ne leur donne pas celui d'arrestation sans causes réelles. Or, ces causes réelles doivent être des commencemens de preuves. Pourquoi ne pas soumettre aux tribunaux ces commencemens de preuves? Est-ce pour ne pas avertir les complices? Mais ils sont avertis par l'arrestation, sans motifs exprimés, comme ils le seraient par l'arrestation motivée. Est-ce pour ne pas laisser aux suspects le moyen d'achever le crime? Mais l'autorité qui les surveille peut les saisir, avant qu'ils n'aient fait un pas pour l'exécution. Est-ce pour se dispenser de la surveillance? Sans doute, on n'a plus besoin d'observer ceux qu'on enferme. Mais il est beau dans les ministres de sacrifier leur repos au nôtre, et sûrement ils ne voudraient pas nous enlever notre liberté pour se relâcher de leur vigilance.

N'est-ce pas de plus donner aux gouvernés une dangereuse idée de la faiblesse d'un gouvernement, que de le leur peindre comme en péril par la liberté précaire d'un individu déjà suspect, suivi dans ses démarches, entouré de témoins invisibles, et contre lequel toute la force sociale est en armes? Croit-on que cette aveu de faiblesse encourage la fidélité? Il invite au contraire, il sollicite la défection.

« Je ne connais pas les faits particuliers, » dira-t-on, » je ne puis juger du mal que cette » loi d'exception a empêché. C'est précisément » son existence qui a pu en rendre l'application » modérée. » Où nous conduit ce raisonnement? à consacrer les lois d'exception dans toutes les circonstances, dans les temps calmes, parce que la crainte de ce pouvoir prévient le désordre, dans les temps orageux, parce que l'exercice de ce même pouvoir rétablit le calme. Autant vaut dire que nous ne sortirons jamais de ces lois, invoquées tour à tour, comme précaution et comme remède.

Il n'est guères besoin de parler de la loi sur la presse. Encore une fois, le passé m'est étranger, et bien que je pusse argumenter de ce que les jugemens prononcés ne sont pas définitifs, je ne veux traiter en rien la chose jugée. Mais si la chambre prochaine n'apportait à la loi existante les changemens démontrés indispensables par la nature même des explications données dans les journaux, si elle n'introduisait le jury dans tout jugement sur les écrits et les écrivains, c'en serait fait de toute possibilité d'imprimer. Vainement ferait-on valoir que les principes favorables à la liberté de la presse sont universellement reconnus, comme je ne sais quel personnage de comédie disait à ses créanciers, qu'il aimerait mieux ne les payer de sa vie que de nier sa dette un seul jour. Vainement nos magistrats chercheraient, par quelques paroles adoucies, à faire illusion sur les conséquences des maximes qu'ils auraient posées. Ces paroles sans effet contrasteraient bizarrement avec chacun de leurs actes : ils auraient beau reconnaître avec une candeur méritoire, leur inexpérience dans les matières que le gouvernement les a chargés de traiter, ils seraient bientôt ramenés, malgré eux, dans la route qu'ils auraient tracée, et paraîtraient seulement avoir remplacé la menace par le persiflage, n'avoir rendu hommage à la vérité que pour mieux la méconnaître, et s'être repenti de leur repentir.

Au moment où fut adoptée la loi destructive de toute liberté des journaux, j'avais prévu qu'on abuserait plus souvent de cette loi que de celle qui suspendait la liberté individuelle, et que les vexations étant plus obscures et paraissant moins importantes, seraient plus nombreuses. Les chambres auront à rechercher si le gouvernement y a gagné, si sa dignité s'est accrue par cette censure, dont les censeurs eux-mêmes gémissent tellement, qu'on ne peut leur refuser sa pitié, quand on les voit, attristés de leurs fonctions, en rejeter l'odieux sur ceux qui les emploient, et se consoler d'être les agens de l'arbitraire, en se disant meilleurs que l'autorité (1).

Je ne m'étendrai point sur l'inévitable puérilité de chaque mesure de ces autorités subalternes. Je n'entrerai point dans le détail de ces ordres donnés pour qu'on ne parle pas de ce dont tout le monde s'entretient; puis de ces ordres intimés ensuite, pour que les premiers ne soient pas connus, puis de ces ordres supplémentaires défendant de publier la défense faite de parler de la défense reçue. Je tairai ces efforts infructueux pour travestir en actes volontaires la soumission qu'on commande, cette proscription du moindre signe des suppressions qu'on exige, cette terreur des points, ce dénombrement des mots, cette crainte d'avouer ce qu'on fait, de laisser des traces de ce qu'on veut; singulier spectacle d'une autorité qui, par de bons motifs sans doute, mais entraînée par ces motifs même dans une route où elle ne saurait que s'égarer, se condamne à combattre corps à corps quelques journalistes enchaînés, est prise au dépourvu par les plus adroits d'entre eux, ne peut réparer ses inadvertences que par des vexations, ne sait à quelles représentations entendre, quelles directions donner, et rappelle par cette lutte étrange les tâtonnemens du géant aveuglé auxquels ses captifs échappaient ! Si ces mesures se perpétuent, qu'en résultera-t-il ? le mépris de ce que les journaux disent, le doute sur les faits, la défaveur pour les raisonnemens, l'odieux dans les attaques, le ridicule dans les éloges. Le public repoussera ce que lui présenteront ces journaux esclaves, pour arriver, s'il le peut, à ce qu'on voudra lui dérober. Son étude sera de découvrir dans chaque phrase ce qui aura éludé la surveillance.

On me dira peut-être, comme à l'occasion de la liberté individuelle, que je ne sais pas à quels excès la loi d'exception sur les journaux met obstacle, et l'on se croira fort, en combattant les faits par des hypothèses. J'admets l'assertion, parce qu'il ne m'est pas donné de la vérifier. Mais je pense encore que le bien qu'on a cru atteindre est trop chèrement acheté. Avant l'organisation régulière des répressions légales que nous demandons tous, quelques individus auraient souffert de la licence des journaux. J'aurais été probablement de ce nombre, et si par hasard quelque homme puissant jette les yeux sur ces pages, il m'accusera d'ingratitude pour un bienfait que je n'ai pas demandé. Mais il vaut mieux subir ces inconvéniens, que nuire au peuple et au gouvernement, en restreignant la liberté de l'un, et en rabaissant la dignité de l'autre.

Je m'abstiendrai de toute remarque sur les jugemens des Cours prévôtales. Les faits particuliers me sont inconnus. Je ne parle d'ailleurs que pour l'avenir. Des jurés n'ont-ils pas un intérêt pressant à la punition des attentats qui menacent les propriétés et le gouvernement qui les garantit? Les formes militaires dirigées contre des coupables dispersés, sans moyens, sans réunion, sans chefs, sans appui, ne sont-elles pas un luxe de sévérité? La conscience publique ne sera-t-elle pas plus satisfaite, quand elle verra les formes conservées avec toutes leurs lenteurs protectrices? N'est-elle pas toujours froissée, quand elle aperçoit parmi les juges des hommes dont le vêtement seul annonce qu'ils sont voués à l'obéissance? Est-il bon, est-il équitable de soumettre les délits politiques à des guerriers nourris sous la tente et ignorans de la vie civile?

Enfin, si les tribunaux ordinaires apportent dans leurs sentences un peu moins de rigueur, y aura-t-il un grand mal à ce qu'ils ne condamnent les enfans de seize ans et demi qu'à la détention perpétuelle (2) ?

Que le ministère ait ou n'ait pas abusé des lois d'exception, me semble importer peu, et je reconnaîtrai, si on l'exige, que je ne sais point s'il en a abusé. Ce qui m'importe, c'est qu'on reconnaisse désormais qu'il vaut mieux, pour la France et pour le gouvernement, que les lois d'exception n'existent pas. L'opinion sera plus unanime. De fâcheuses impressions ne troubleront pas les esprits. Il n'y aura pas une sorte d'impatience contre ces lois perpétuellement demandées, au nom du salut public, depuis vingt-huit ans. La malveillance ne trouvera point, dans leur prolongation, des occasions trop faciles de rapprochemens défavorables. Car enfin, que répondre à cette malveillance, quand elle compare nos lois d'exception à des lois qui existaient à d'autres époques? Sous plus d'un gouvernement, maintenant renversé, l'on pouvait enchaîner la presse, supprimer les journaux, arrêter les citoyens sans les faire juger, ou les traduire, pour les faire juger, devant des tribunaux extraordinaires. Ne sera-ce pas un heureux moment pour le ministère que celui où il abdiquera ces prérogatives de triste mémoire?

Toutes nos autorités précédentes se sont mal trouvées de ces voies extra-constitutionnelles ; et un homme dont l'opinion sur la légitimité n'est pas suspecte, M. de Villèle, a dit à la tribune que la *légitimité sur le trône ne pouvait donner seule à nos institutions la force de résister à des causes destructives de tous les gouvernemens*. Or, les lois d'exception sont des causes destructives de tous les gouvernemens. Elles les ont tous perdus jusqu'à ce jour. Il ne faut pas les choisir pour maintenir le nôtre. La force d'une constitution est dans l'attachement du peuple. Un peuple ne s'attache à une constitution que par la jouissance. Il ne croit point à une constitution dont il ne jouit pas.

VII.

En présentant, sur les lois d'exception, les considérations que l'on vient de lire, je n'ai eu pour but d'inculper personne. Mais recherchant dans quelle nuance d'opinion les électeurs qui vont s'assembler doivent choisir nos représentans, j'ai dû prouver que les lois d'exception étaient un mauvais système, pour arriver à la conséquence qu'il faut nommer députés des hommes opposés à ce système. Si nous choisissons ses partisans, nous ne sortirons pas de la route où ils sont accoutumés à marcher. Ils arriveront avec leurs locutions consacrées, louant les principes, écartant leurs conséquences, admirant la règle, appuyant sa violation, érudits dans l'apologie de l'arbitraire, apôtres doucereux de la rigueur, et légitimes héritiers de nos législatures successives, dans ce qu'un noble Pair appelait, avec une vérité piquante, l'oraison funèbre de la liberté. Ils seront dirigés, je veux le croire, par les meilleures intentions du monde. Ce n'est point leur moralité, ce sont leurs lumières dont je doute. Ils sont convaincus qu'un état ne saurait supporter la liberté; et quand l'état s'écroule au milieu de toutes leurs mesures vexatoires, c'est encore le trop de liberté qu'ils en accusent (3).

La question se réduit donc à ces termes. Veut-on que les lois d'exception soient maintenues, que la liberté de chacun soit un bienfait des ministres, que la liberté de la presse aboutisse à la suppression des livres et à la prison des écrivains? Veut-on que les journaux ne rapportent que ce que l'autorité desire qu'on croie? Veut-on la prolongation des tribunaux extraordinaires? qu'on choisisse des hommes de la seconde nuance. Ce qu'ils ont fait, ils le feront toujours ; ils sont en permanence contre les principes.

Voulons-nous, au contraire, que les citoyens soient entourés de garanties protectrices, que la presse soit libre, et les écrivains légalement responsables, que les journaux racontent les faits tels qu'ils sont, et que la France ne devienne pas une île, où l'on ignore ce qui se passe en Europe, et Paris une autre île où l'on ignore ce qui a lieu dans les provinces? Voulons-nous que les formes protectrices de la justice ordinaire reprennent leur cours? cherchons, pour exprimer ce desir, de fidèles interprètes; nommons des hommes indépendans.

VIII.

C'est donc vers le troisième parti, si l'on peut appeler parti l'immense majorité des Français, et la totalité des Français raisonnables, c'est vers le troisième parti qu'il faut tourner nos regards. C'est là qu'il faut chercher les organes de nos vœux, les appuis de nos droits.

Mais où sont-ils, me dira-t-on, ces hommes auxquels j'attribue l'honneur exclusif de l'indépendance? La désignation que j'emploie, est-elle moins vague que celles que j'ai rejetées en commençant cet écrit? A quelles marques certaines, à quels signes infaillibles reconnaîtra-t-on ces indépendans que je recommande?

Une pareille question donne toujours un avantage apparent à qui la propose, parce que la réponse exige des détails qui ressemblent trop à des indications personnelles, et qu'alors, au lieu d'établir une règle, on est accusé de faire une liste.

Pour éviter ce piége, je dirai qu'on sait très-bien au fond quels hommes sont désignés sous la dénomination d'indépendans. L'instinct des électeurs ne s'y trompera point, s'ils sont une fois décidés sur la nuance d'opinion qui doit fixer leur choix : et, j'en suis convaincu, à la seule lecture de cette phrase, le nom des capitalistes, des propriétaires, des commerçans, des écrivains, des citoyens, en un mot, qui, distingués par leur conduite, ou militaire ou civile, méritent d'être considérés comme indépendans, s'est déjà présenté à la pensée de ceux qui me lisent.

Si l'on veut, cependant, une définition plus précise, elle n'est pas difficile à donner. Les indépendans sont ceux qui, depuis trente ans, ont voulu les mêmes choses; ceux qui ont répété à tous les gouvernemens les mêmes vérités, opposé à toutes les vexations, même quand elles portaient sur autrui, les mêmes résistances; qui n'ont adopté aucun symbole, pour offrir les principes en holocauste à ce symbole; qui, lorsqu'on proclamait la souveraineté du peuple, disaient au peuple que sa souveraineté était limitée par la justice; qui, lorsqu'on passait de la tyrannie orageuse de cette souveraineté au despotisme simmétrique d'un individu, disaient à cet individu qu'il n'existait que par les lois; que les lois qu'il prenait pour des obstacles étaient ses sauvegardes, qu'en les renversant il sappait son trône. Les indépendans sont ceux qui, sous la république, ne s'écriaient pas : nous aimons mieux la république que la liberté; et qui, sous la royauté, ne prétendent point qu'il faut l'asseoir sur les débris de tous les droits et le mépris de toutes les garanties. Les indépendans sont ceux qui aiment la monarchie constitutionnelle, parce qu'elle est constitutionnelle, et qui respectent la transmission de l'hérédité au trône, parce que cette transmission met le repos des peuples à l'abri de la lutte des factions, mais qui pensent que c'est pour le peuple que le trône existe, et qu'on nuit également aux rois en foulant aux pieds les droits des citoyens, et aux citoyens en essayant de renverser la puissance légale des rois. Les indépendans, enfin, sont cette génération innombrable, élevée au milieu de nos troubles, et qui, froissée dès sa jeunesse dans ses intérêts et dans ses affections les plus chères par l'arbitraire de tous les régimes, déteste l'arbitraire sous toutes les dénominations, et démêle la fausseté de tous les prétextes. Les indépendans sont tous ceux qui, n'ayant ni la prétention d'arrêter, de dépouiller, de bannir illégalement personne, ni celle d'être payés par ceux qui arrêtent, qui dépouillent, qui bannissent, ne veulent aucune loi qui les expose à être arrêtés, dépouillés, bannis illégalement.

C'est parmi ces hommes qu'il faut choisir ceux à qui nous confierons nos destinées. Nous avons essayé assez long-temps d'écarter, de fausser, d'ajourner les principes. A l'époque de l'établissement de chaque constitution, je l'ai déjà dit, nous avons été salués des mêmes phrases. Les dangers de l'état, l'urgence des circonstances, ont toujours glacé de terreur nos législatures successives. Les constitutions suspendues ont été brisées et leurs éclats ont frappé nos têtes. Essayons une fois d'hommes moins timides, d'hommes qui croient que la liberté et que la justice ont aussi quelque force, et qui osent penser qu'on peut gouverner un peuple, sans le priver de ses droits, et exécuter une constitution sans la suspendre. Certes, le résultat, quel qu'il soit, ne sera pas plus fâcheux que l'expérience contraire. Si la tentative nous réussit mal, elle ne nous réussira pas plus mal que les autres, et à une élection prochaine, désabusés des hommes de principes, nous reviendrons aux hommes de circonstance. Ils ne manqueront pas à l'appel. Ils sont toujours là au service de qui les emploie, dès qu'il est question de mettre de côté les lois et les formes.

Mais une fois, au moins, prions-les de faire trève à leur zèle, et laissons la liberté exister, quand ce ne serait que pour nous convaincre qu'elle est impossible. Sans elle, nous avons fait vingt naufrages. Que peut-il nous arriver de pis avec elle ? Et si par hasard elle n'est pas impossible, la découverte en vaudra la peine : car, et ceci mérite quelque attention, la jouissance de la liberté n'est pas importante uniquement pour ceux qui paraissent en profiter de la manière la plus immédiate.

Il y a surement, parmi les électeurs, des hommes bien intentionnés, éclairés même, qui, ne sentant pas l'étroite liaison de toutes les libertés entre elles, voient avec assez d'indifférence s'introduire des lois d'exception qu'ils croient ne devoir jamais les atteindre. On leur a dit que la suspension de la liberté individuelle ne regardait que les conspirateurs ; ils ne conspirent pas : que la violation de la liberté de la presse n'atteignait que les écrivains ; ils n'écrivent pas : que l'asservissement des journaux n'intéressait que les journalistes ; ils ne rédigent point de journaux : que les Cours prévôtales ne prononçaient que sur les délits commis à main armée ; ils ne touchent jamais une arme : ils sont donc tranquilles ; mais qu'ils réfléchissent. La suspension de la liberté individuelle ne regarde pas seulement les conspirateurs, mais ceux qu'on soupçonne d'être disposés à conspirer, et ceux par conséquent que des ennemis secrets dénoncent comme tels. Les restrictions mises à la presse n'atteignent pas seulement les écrivains, mais ceux qui veulent écrire ou faire écrire pour exposer à l'autorité suprême leurs réclamations, ou pour se défendre devant l'opinion contre la calomnie. L'asservissement des journaux n'intéresse pas seulement les journalistes, mais ceux qui n'ont de ressource que le ministère des journalistes pour donner à la rectification de faits défigurés une publicité qui importe à leur réputation, à leur crédit, à leurs entreprises. Les Cours prévôtales ne jugent pas seulement ceux qui ont commis des délits à main armée, mais ceux qui sont accusés d'en avoir commis, ceux qui se sont trouvés dans un rassemblement, et ne sauraient prouver que c'est par hasard, ceux qu'on a cru y apercevoir, quand ils n'y étaient pas : car tel est l'effet de l'abréviation des formes, que ce n'est pas la nature du délit qui prive un citoyen de cette sauve-garde, mais la nature de l'accusation (4). Or, un homme peut bien être sûr de ne jamais commettre un délit; mais nul ne peut être assuré qu'il ne sera jamais l'objet d'une accusation fausse. Nous ne réclamons donc pas des libertés dont quelques-uns seulement jouissent, mais des libertés dont tous peuvent avoir besoin. Et ici une considération me frappe.

L'on prétend que ce n'est point après une révolution longue et violente qu'on peut appliquer avec scrupule les principes constitutionnels, et qu'il faut, à de pareilles époques, investir le gouvernement d'une puissance discrétionnaire. J'affirme que c'est précisément alors que la fidélité la plus stricte aux principes constitutionnels est indispensable, et que toute-puissance discrétionnaire dans les dépositaires de l'autorité est dangereuse; car c'est alors que les passions étant plus animées, les dénonciations, les calomnies, les impostures, sont plus fréquentes, et que l'examen le plus scrupuleux, le plus lent, le plus régulier est nécessaire.

Dans les temps calmes, peu d'hommes ayant à se plaindre l'un de l'autre, les agens investis de la terrible prérogative des lois d'exception ne se voient pas cernés par toutes les haines déguisées, par tous les ressentimens voilés sous le nom du bien public. On peut au moins espérer alors que les lois d'exception, toujours fâcheuses, toujours injustes, ne s'appliqueront qu'à des périls soudains et à des cas extraordinaires. La masse des citoyens, paisible, et unie entre elle, ne paraît pas en être menacée. Mais après une crise politique, quand tout le monde est coupable aux yeux de son voisin, quand il n'est personne qui n'ait eu quelque tort, commis quelque faute, concouru plus ou moins à quelque injustice, les lois d'exception sont des armes que chacun ambitionne et saisit à son tour.

Contradiction étrange! Presque toujours après les révolutions violentes, on proclame des amnisties, parce qu'on sent que les lois ordinaires elles-mêmes deviennent inapplicables. Or, pourquoi le deviennent-elles? parce que leur application constante et multipliée tiendrait tous les esprits en alarme; et c'est dans le moment où l'on reconnaît cette vérité, dans le moment où l'on désarme les lois générales, de peur que leur action ne perpétue l'inquiétude qui pousse aux résolutions désespérées; c'est dans un tel moment que l'on institue des lois extraordinaires, plus rigoureuses, plus alarmantes, plus vagues! On proclame une amnistie, parce qu'on ne veut pas que tous les coupables, même convaincus, soient punis, et l'on établit des règles de suspicion en vertu desquelles tous les suspects sont menacés. Mais quand il y a vingt mille coupables, il y a deux millions de suspects.

Aussi, voyez ce que disent sur les effets de ces lois leurs défenseurs mêmes. Écoutez le plus éloquent, et j'ajouterai le plus libéral d'entre eux; car, même en défendant un mauvais système, il a rendu un digne hommage aux principes, et prouvé que son caractère était aussi noble que son esprit est distingué. Ecoutez-le, dis-je, quand il décrit les résultats de la loi du 29 octobre : *Le reste des partis se disputant l'usage du pouvoir discrétionnaire, l'esprit de délation se couvrant du masque du zèle, détruisant toute confiance au sein des familles, sappant avec les fondemens de la tranquillité publique et privée ceux de la morale* (1).

---

(1) Discours de M. Camille Jordan.

Il parlait ainsi, je le sais, d'une loi abrogée. Mais ne jugeons pas les lois d'exception par ce qu'on en dit tant qu'elles subsistent. On ne s'explique publiquement sur leur compte, comme sur celui des rois, qu'après leur mort. Or, voilà ce qu'on dit de chaque loi d'exception, dès l'instant qu'elle est révoquée. Ceux qui vantent la loi d'aujourd'hui s'en vengent sur celle d'hier. N'est-ce pas un préjugé fâcheux pour ces lois que la nécessité de cette tactique? Elles sont tellement odieuses à la majorité des hommes, que, pour en faire adopter une, il faut commencer par flétrir toutes celles qui l'ont précédée.

IX.

Je n'ai, comme je l'ai dit plus haut, voulu, dans cet écrit, diriger aucun blâme sur aucun individu. J'ai parlé d'un système général, abstraction faite des hommes qui le suivent et de son exécution, qui est un accident. Je crois avoir prouvé ce dont la démonstration me semblait utile. Les états périssent, quand on veut combiner la pratique du despotisme avec la théorie de la liberté. La France serait en péril, si pour la gouverner on fondait ensemble les préjugés de l'ancien régime et les traditions de l'arbitraire impérial. Les lois d'exception qui nous ont toujours perdus ne sauraient nous sauver. Notre salut ne se trouvera que dans les hommes qui les repoussent. Ce sont eux que j'ai nommé les indépendans.

Maintenant je n'ignore pas ce qu'on pourra dire aux électeurs pour les détourner de choix pareils. Je veux les mettre en garde contre des discours spécieux, des allégations plausibles, et des ruses d'autant plus adroites, qu'elles auront l'air de la bonhomie et de la candeur.

« Les indépendans, leur dira-t-on, ne sont pas » de vrais amis de la charte. Elle contrarie trop » leurs théories. Ils se laisseront entraîner par le » desir vague d'améliorations chimériques. » Si je le pensais, ma douleur serait extrême; car ne voyant de ressources ni dans les partisans de l'ancien régime, ni dans les hommes qui sont toujours à la disposition de l'autorité, et forcé de reconnaître dans les indépendans des instrumens de désordre, je ne saurais plus où chercher des motifs d'espoir.

Mais ma conviction heureusement est toute contraire. Les indépendans savent que la charte contient tout ce qui est nécessaire pour la liberté. Si quelques articles, ceux sur-tout du nombre et de l'âge, mettent dans l'opinion de beaucoup de gens des restrictions fâcheuses à la liberté des choix et à l'énergie des assemblées, les bourgs corrompus de l'Angleterre, et trois cents députés, nommés par l'influence de moins de cent personnes, sont bien d'autres vices, et pourtant l'Angleterre a été libre cent trente-neuf années. Les indépendans savent qu'il faut tirer parti de ce qu'on possède. Ils se félicitent du point fixe autour duquel les Français ont pu se rallier durant les orages. Ils n'oublient point que notre charte est aux yeux de l'Europe un de nos plus solides remparts. Elle nous a puissamment servi à deux mémorables époques. Sans elle, nous aurions été momentanément, dans l'intérieur, un peuple d'esclaves, et pour l'étranger un peuple conquis. Nous ne serions restés ni conquis ni esclaves, je le sais. Mais le nom de la charte nous a épargné de douloureuses nécessités. Nous avons regagné plus doucement et plus facilement les droits qui nous sont chers, et le rang qui nous est dû. Quant à l'attachement aux théories absolues, à l'aversion pour les milieux raisonnables, au jansénisme de principes que l'on reproche aux indépendans, ces accusations me font penser toujours à l'homme qui se trouvait entre deux personnes, dont l'une soutenait que deux et deux faisaient quatre, et l'autre, que deux et deux faisaient six. Vous êtes également dans l'extrême, leur dit-il, deux et deux font cinq.

« Les indépendans, continuera-t-on, seront » ennemis des ministres. » Si l'on entend par ces paroles qu'ils seront les ennemis des hommes, on a tort. Si l'on veut dire qu'ils ne se condamneront pas à cet assentiment aveugle, qui est l'abnégation honteuse de toute raison et de toute dignité, l'on a raison. Ils ne seront point les ennemis des ministres qui ont sauvé la France par l'ordonnance du 5 septembre. Ils ne seront point les ennemis des ministres qui ont proposé et fait adopter la loi des élections. Mais ils seraient ennemis de la politique ombrageuse et étroite qui ne voudrait gouverner la France que par des lois d'exception. Ils seraient ennemis de la suspension de la liberté individuelle, ennemis des tribunaux extraordinaires, ennemis de l'asservissement de la presse, et de la dépendance des journaux. Ils seraient opposés à ce que les ministres excédassent leur budget. Ils seraient opposés à cette tactique timide et puérile qui étoufferait, si on la laissait faire, toute publicité, comme si ce dont on ne parle pas en existait moins.

Loin d'être dangereux pour les ministres, les

indépendans seuls, il me serait facile de le prouver, seront pour eux des appuis solides. Si ces ministres doivent exiger de la nation de nouveaux et pénibles sacrifices, quelle force d'opinion puiseraient-ils dans une assemblée décréditée d'avance par sa complaisance habituelle, son langage bannal, et sa soumission infatigable? S'ils ont à négocier avec l'étranger, quels motifs de résistance à ses prétentions allégueraient-ils, si l'étranger savait qu'ils disposent des chambres, et pouvait s'en prendre à eux du courage manifesté soudain par ces chambres dociles, qui ne seraient devenues courageuses que par ordre?

On insinuera aux électeurs que la nomination des indépendans effraierait l'Europe. Mais l'Europe n'a-t-elle pas rendu constamment hommage à notre indépendance par toutes ses paroles, quand l'occasion s'en est présentée? N'a-t-elle pas reconnu tous les gouvernemens successifs qui avaient l'apparence d'être soutenus par la force nationale? N'a-t-elle pas reçu, accueilli, fêté tous les hommes que ces gouvernemens lui ont envoyés? Et maintenant qu'il ne s'agit que de nos affaires intérieures, de nos intérêts de famille, en quelque sorte, la nomination de quelques députés, qui n'ont en rien le droit d'intervenir dans nos relations avec les autres peuples, et qui, renfermés par la charte dans le cercle de leurs fonctions, peuvent de plus être renvoyés dans leurs foyers par une seule parole royale, effraierait cette Europe, si bien garantie aujourd'hui par les précautions qu'elle a prises, par la bonne intelligence des souverains entre eux, et sans doute aussi par les satisfactions données par ces souverains à leurs sujets, en récompense de leurs efforts et de leurs sacrifices.

C'est trop vouloir aussi que nous ressemblions à la Pologne, et sur ce sujet délicat il n'y a, selon moi, qu'un mot à dire. Si les étrangers sont de bonne foi, comme j'en suis convaincu, ils doivent desirer qu'un gouvernement libre s'établisse en France; car la liberté seule est calme. La France ne sera pas tranquille, si elle n'est pas libre, et l'Europe sera toujours agitée, si la France n'est pas tranquille. Si, par impossible, contre la conviction que je professe et que je proclame, contre la sainteté des traités, contre leurs intérêts propres, les étrangers n'étaient pas de bonne foi, ce que nous ferions ou ce que nous ne ferions point, serait indifférent. Ils trouveraient toujours assez de prétextes, et nous nous serions refusés tout ce qui peut nous être honorable ou salutaire que nous n'en serions pas plus avancés. Un homme d'esprit me disait un jour, que, quoique la mort fût la chose la plus décisive de la vie, il fallait la compter pour rien, sans quoi cette idée empêcherait tout. J'en dis autant des étrangers. S'ils agissent avec loyauté, nous n'avons rien à craindre en remplissant avec scrupule nos devoirs de Français : et dans l'hypothèse contraire, nous gagnerions pourtant à remplir ces devoirs. Les étrangers nous estimeraient en nous opprimant, et peut-être nous opprimeraient-ils d'autant moins qu'ils nous estimeraient davantage.

Aux argumentations fondées sur la politique et sur la prudence, on en joindra d'autres qu'on appuiera sur le sentiment. « Le ministère, dira-» t-on, mérite notre reconnaissance par cette » loi sur les élections qu'il nous a donnée. Nous » servirions-nous de cette loi pour le contrister? » Nommons plutôt, en témoignage de gratitude, » des hommes qui puissent lui être agréables. » Mais si le ministère a des droits, et je pense qu'il en a beaucoup, à notre reconnaissance par la loi sur les élections, c'est sans doute parce qu'il a voulu que cette loi nous mît à même de faire de bons choix. Lui prouver notre reconnaissance en nous abstenant des choix que nous croyons les meilleurs, serait l'affliger beaucoup plus sûrement ; ce serait tromper ses civiques espérances. D'ailleurs, le système représentatif ne saurait être un échange de madrigaux, et des élections ne ressemblent pas à un bouquet pour un jour de fête.

On nous mettra en garde contre l'impatience. « Les indépendans, nous dira-t-on, seront d'ex» cellens choix pour l'année prochaine; c'est » encore trop tôt; » et l'on nous proposera d'ajourner les hommes, comme on nous a proposé sans cesse d'ajourner les principes.

Mais d'abord, il n'y aura pas d'élection l'année prochaine pour les départemens qui choisissent cette année leurs députés : et j'en reviens, en second lieu, à mes raisonnemens antérieurs sur l'ajournement des principes. Il ne nous a pas réussi: celui des hommes nous réussira-t-il mieux? Ne serait-ce pas, en réalité, ajourner les principes? Car, si l'assemblée est composée de leurs ennemis, qui les défendra? Que si l'on nous promet que leurs adversaires deviendront cette fois leurs défenseurs, le résultat sera donc le même que si nous nommions des indépendans; pour quoi donc redouter l'élection de ceux-ci, et forcer les autres à sortir de leurs douces habitudes?

Personne ne pourrait entrer dans tous les détails de la tactique qui sera mise en usage, parce qu'il est dans sa nature de se déguiser, de se contredire, de se replier sur elle-même, d'agir par des bruits vagues, par des allégations d'une vérification impossible, par des comérages, si le mot est permis, qui ne pourront nous tromper qu'un jour ou qu'une heure, mais qui auront obtenu le succès qu'on desire, si nous nous laissons tromper précisément au jour ou à l'heure décisive.

Tel homme est trop vieux, ses facultés baissent; tel autre est trop jeune, ses quarante ans ne lui ont pas donné la maturité requise; tel n'est pas éligible, ses propriétés ou ses droits sont contestés; tel est sur le point d'obtenir une fonction du Gouvernement; celui-ci n'acceptera pas; celui-là n'a point de chance, et les voix qu'on lui donnerait seraient perdues.

Si le premier était si vieux, si l'âge avait affaibli son zèle, amorti son courage, on ne redouterait pas tant de le voir élu. C'est parce qu'il est prêt à servir la liberté aujourd'hui comme dans sa jeunesse, qu'on vous le peint hors d'état de la servir.

Si tel autre n'était pas éligible, on ne se donnerait pas tant de peine pour vous détourner de le choisir. Lui-même serait empressé de vous éclairer sur des obstacles qu'il ne peut vaincre.

Que lui servirait une fraude inutile? Et quel homme voudrait se déshonorer aux yeux de la France et de ses concitoyens en s'attribuant des droits, des qualités, ou des propriétés qu'il n'a pas?

Si un troisième était à la veille d'obtenir de l'autorité des faveurs ou des places, on ne travaillerait point à vous empêcher de le nommer. Ne nous recommande-t-on pas l'élection des fonctionnaires publics comme un moyen de paix et d'union?

Si l'acceptation d'un quatrième était douteuse, ceux qui le proposent ne l'auraient pas mis sur les rangs. L'on ne vous prédit son refus, que parce que son acceptation est certaine.

Enfin, si les chances d'un cinquième étaient si nulles, on l'abandonnerait à sa nullité. Pourvu qu'il ne soit pas élu, qu'importe à ceux qui le repoussent, que les voix de quelques électeurs soient perdues? Leur tendre intérêt pour l'influence de vos suffrages n'a pour but que de vous donner le change, et la crainte d'une majorité vraisemblable accrédite le bruit que l'objet de vos choix ne réunirait qu'une faible minorité.

D'ailleurs, est-ce perdre sa voix que voter suivant sa conscience? Le devoir n'est-il rien sans le succès ? Une minorité énergique, qui rend hommage au citoyen qu'elle estime, fait du bien même en ne réussissant pas. Elle avertit l'opinion attentive, mais flottante, qu'il y a une conscience publique : elle avertit les hommes honnêtes, mais dispersés, inconnus l'un à l'autre, qu'il y a un centre, autour duquel ils peuvent se rallier.

Il y a vingt ans environ que j'écrivais sur le caractère des majorités en France : *elles se cherchent au lieu de se déclarer. Leur ambition est pour ainsi dire d'être précédées, et elles préfèrent adopter au second rang les mesures qu'elles blâment, plutôt que se mettre au premier pour faire triompher celles qu'elles approuvent.*

Cette disposition a fait dans les assemblées un mal incalculable. Je me souviens qu'après une journée alarmante, qui heureusement n'eut pas toutes les conséquences que l'on redoutait, un homme de mœurs fort douces disait naïvement : Nous allons voter à l'unanimité des choses exécrables : en effet il vota ces choses, non pas à l'unanimité absolue, mais à une grande majorité. Il se désolait de n'avoir pas été dans la minorité courageuse. D'autres s'en désolaient comme lui. Mais il avait désespéré de la résistance : il n'avait pas voulu être seul : il ne voulait pas perdre sa voix.

Cette disposition n'est pas moins nuisible dans les élections. J'ai vu dans une assemblée électorale, dont j'étais membre, et où siégeaient quatre cents électeurs, un député qui n'avait pas cinquante partisans, presqu'unanimément réélu, parce qu'un adroit ami, lors du dernier scrutin, alla dans les différens bureaux annoncer que tous les autres l'avaient nommé. Les électeurs de chaque bureau se dirent : nous ne voulons pas perdre notre voix.

En exposant ainsi quelques-uns des nombreux artifices, qu'on emploiera peut-être pour tromper les électeurs, je suis loin de penser que le gouvernement ou le ministère recoure à ces artifices. Mais la bassesse et la servilité tâchent de deviner la puissance, et se méprennent sur ses intentions, parce qu'elles les jugent d'après elles-mêmes. L'on a vu jadis, dans les tribunaux, des juges coupables, voter la condamnation de tel ou tel accusé pour satisfaire un vœu qu'ils attribuaient faussement à l'autorité; et je me souviens que, sous un gouvernement antérieur, des courtisans voulaient repousser un écrivain célèbre de l'académie, parce qu'ils le disaient *désagréable* à ce gouvernement. De même, dans les élections, nous verrons se glisser des hommes incapables d'attribuer au pouvoir des idées généreuses. Ils croiront lui plaire et le servir en écartant tout ce qui ne leur semblera pas assez docile, et ils feront de la sorte au gouvernement et à la France un tort irréparable.

Car il ne faut pas se méprendre sur notre situation politique. Nous ne sommes point encore parvenus à l'époque où les constitutions se soutiennent par la seule force des habitudes et indépendamment de l'énergie de ceux qui ont mission de les défendre. En Angleterre, le parlement peut, jusqu'à un certain point, être complaisant pour les ministres. Les institutions sont affermies. Les droits des citoyens, les attributions des corps délibérans, les prérogatives de la couronne ont une solidité garantie par cent cinquante ans d'existence. L'intérêt du Roi, accoutumé à trouver sa force dans les moyens constitutionnels, l'habitude contractée par les ministres de se plier à ces moyens, dont le respect leur est inculqué dès l'enfance, l'inébranlable aristocratie d'une pairie antique, investie de temps immémorial d'immenses propriétés; la vigoureuse activité des communes, fortifiée à la fois et modérée par une tradition de plusieurs siècles, toutes ces choses ramènent nécessairement la nation, les corporations qui la représentent, et l'autorité qui la gouverne à la route ordinaire, consacrée, connue de tous, et considérée comme l'unique route à suivre, comme celle vers laquelle il faut tendre et dans laquelle il est aussi utile que juste de rentrer dès qu'on le peut (5). Même quand on en sort dans la théorie, on y reste dans la pratique bien plus qu'on ne pense. Toutes les tendances, tous les souvenirs, toutes les habitudes en rapprochent chaque citoyen, chaque agent du pouvoir. Mais aucun de ces préservatifs n'existe parmi nous. Nous n'avons aucune habitude de notre constitution. Grâce aux lois d'exception, nous la connaissons à peine. Nous ne pouvons éprouver pour elle cette affection qui, chez les Anglais, est un sentiment du cœur, non moins qu'un jugement de l'esprit. Nos ministres, quelque bien intentionnés, quelqu'éclairés que nous les supposions, sont pourtant novices dans l'art de concilier les traditions de deux régimes, dont ni l'un ni l'autre n'étaient constitutionnels, avec une constitution qu'ils n'ont point essayé de faire aller par ses propres forces. Si notre malheur et notre imprudence nous donnent des représentans qui ne défendent pas notre constitution, elle restera pour nous une théorie. Les dépositaires du pouvoir se familiariseront avec l'idée qu'on peut l'écarter par des politesses, sous prétexte de la préserver, en annonçant toujours une époque où elle rentrera dans tous ses droits, et en ajournant toujours cette époque. Je n'hésite pas à l'affirmer : c'est à présent que notre constitution doit être observée, ou elle ne le sera jamais. On trouvera toujours des raisons suffisantes pour en retarder l'observance ; et comme nous n'avons point vécu complétement sous son empire, le moindre embarras du moment l'emportera sur le desir de mettre en action une charte écrite, dont on se débarrasse par des éloges. Nous resterons sous le régime des lois d'exception, si nos représentans ne nous en retirent. Or, nous ne pouvons y rester sans nous perdre : je crois l'avoir prouvé.

L'intérêt du ministère n'est donc nullement de nous empêcher de nommer des hommes dont l'attachement à la constitution ne soit pas douteux, et qui la délivrent de tout ce qui lui est contraire. Le desir de ce ministère est conforme à sa volonté. Il a préparé la loi sur les élections. L'exécution vient d'en être ordonnée. Il prouve ainsi sa confiance, et ces hommes le calomnient qui le peignent défiant, faible, et par faiblesse capable de tromper. Telle est ma conviction : je me suis refusé en conséquence à indiquer, comme on me le conseillait, les précautions à prendre pour nous mettre à l'abris de fraudes matérielles que je rougirais de supposer. Sans doute à d'autres époques de pareils moyens furent mis en usage. Mais ces époques sont bien différentes; les assemblées qui vont commencer n'auront, j'en suis sûr, que des scrutateurs consciencieux et des secrétaires fidèles.

J'ai rempli ma tâche. Les électeurs sont responsables des destinées de la France; car ses destinées sont entre leurs mains. Les électeurs sont responsables du mal que feraient leurs députés; car s'ils nomment de mauvais députés ce sera leur faute. Celui qui aurait élu un homme sans intégrité et sans courage, répondrait moralement des budgets excédés qui doubleraient la misère du peuple: car il avait la faculté de nommer des gardiens fidèles de la fortune publique. Celui qui aurait élu un ennemi de la liberté individuelle répondrait moralement à tous les détenus de toutes les détentions arbitraires. Celui qui aurait donné son suffrage à un partisan des tribunaux extraordinaires serait comptable à Dieu et à sa patrie de toute négligence des formes, de toute erreur, de toute sévérité excessive ou précipitée dans les jugemens.

Je n'ajoute qu'un mot. Ceux-là ne sont pas amis des révolutions, qui demandent qu'on les délivre de tout ce que les révolutions apportent aux peuples de mauvais et de funeste. Or, ce sont les révolutions qui introduisent les lois d'exception et de circonstance ; ce sont les orages révolutionnaires qui livrent à la merci des dépositaires du pouvoir la liberté individuelle, qui étouffent la liberté de la presse, qui suppriment ou abrègent les formes tutélaires. Les indépendans, qui veulent rendre inviolables la liberté individuelle, celle de la presse, les lenteurs sages de la justice ne sont donc point amis des révolutions. Ceux-là ne sont point ennemis des gouvernemens, qui tentent d'affranchir les gouvernemens du joug des traditions révolutionnaires, qui sont la perte des gouvernemens. Les indépendans, qui veulent rendre au gouvernement ce service, et l'appuyer sur la liberté, sur les principes, sur la sécurité, et par-là même sur l'amour de tous, ne sont point ennemis du gouvernement. Ils sont ses meilleurs amis, ses seuls amis sages.

NOTES.

(1) Ce que je dis sur les inconvéniens de la censure des journaux me paraît être d'autant plus fondé, que je me crois, de tous les écrivains qui ont publié des articles de journaux dans ces derniers temps, celui que cette censure a traité avec le moins de sévérité. Aussi, en m'élevant contre les fonctions, je suis loin de vouloir rien insinuer contre les personnes, parmi lesquelles je connais plusieurs littérateurs distingués. Mais j'ai fait l'expérience des bornes nécessaires de leur libéralité d'opinion. Le desir de connaître par moi-même cette partie curieuse de notre administration littéraire a été mon unique motif, quand je me suis associé à la rédaction du Mercure. Maintenant l'expérience est faite, et je déclare que tout ce que les défenseurs de la liberté des journaux avaient prédit, dans la session dernière, s'est vérifié sous tous les rapports.

J'ajouterai cependant par esprit de justice, que le ministère actuel n'a presque jamais fait de son empire sur les journaux qu'un usage négatif. Il a prescrit à ses écrivains de ne pas attaquer ceux auxquels il était interdit de se défendre ; et quand il a cru nécessaire de commander un écrit, il a enjoint la mesure et même la politesse ; c'est ce qui est arrivé à mon égard, dans les articles publiés contre mes questions sur la législation de la presse, et j'ai été d'autant plus sensible à ce procédé, que j'avais vu la prohibition écrite de ne rien insérer sur cet ouvrage dans les feuilles quotidiennes. Mais il y a pourtant quelques chose d'étrange dans une argumentation dirigée contre un écrivain qui ne peut pas répliquer un mot. Je me souviens que dans un autre temps un homme qui aimait fort à parler seul en public, commençait naïvement par dire à ceux qu'il voulait accabler de son éloquence, *ne me répondez pas*. Puis venait le monologue le plus animé, dans lequel, pour compléter la bizarrerie, la forme favorite était l'interrogation. Il fallait être un courtisan bien discipliné pour ne pas sourire.

Ajoutons que les ménagemens que l'on observe aujourd'hui, tenant aux hommes, et pouvant être abjurés par d'autres hommes, il est bon de considérer que, lorsque les journaux sont ainsi soumis à l'autorité, ils peuvent devenir un instrument terrible contre les individus, et accréditer les faits les plus faux et les calomnies les plus absurdes. Nous avons vu sous d'autres régimes des femmes distinguées, en butte à des assertions qu'elles ne trouvaient aucun moyen de faire démentir. Nous avons vu un littérateur célèbre, M. de Laharpe, représenté au public comme en démence, sans qu'il pût insérer dans un journal une ligne en réfutation de cette imposture. La diffamation peut ainsi aller de front avec l'arrestation ou l'exil. Je me rappelle que lorsque j'essayai dans le tribunat de combattre le système, qui a perdu la France, on voulut ôter à mes raisonnemens le poids que la vérité pouvait leur donner, en faisant imprimer dans les journaux que j'étais étranger et que je n'avais point de propriété en France. J'étais français et fils d'un père français comme religionnaire. J'avais déjà près de Paris et à Paris des propriétés. Tous les habitans de mon département m'avaient vu habiter ces propriétés et exercer depuis plusieurs années des fonctions qui constataient mes droits. Mais l'assertion des journaux ne pouvant être contredite, diminuait le poids quelconque qu'auraient eu des paroles raisonnables, et l'intention était remplie. Ce qui s'est fait contre des individus réduits au silence pourrait se faire aujourd'hui, si le ministère le voulait; et comme le ministère est une chose amovible, ceux mêmes qui comptent les hommes pour tout et les principes pour rien, doivent craindre un pareil danger.

(2) Je ne prétends point par ces paroles juger un jugement dont je ne connais point les motifs, ni inculper un tribunal dont j'ignore les procédures; c'est

contre la rigueur de la loi et la nature des formes que je m'élève. Si, comme je dois le supposer, les juges n'ont fait que suivre à la lettre une loi rigoureuse et rapide, il est clair qu'il faut la changer. A aucune époque, chez aucun peuple, un enfant de seize ans et demi n'a mérité la mort, surt-out quand il s'agit d'opinions politiques ou d'actes séditieux qui tiennent à ces opinions. Un enfant de seize ans et demi n'a point d'opinions, il n'en comprend aucune, il ne professe que celles qu'on lui dit de répéter; il ne commet d'actions que celles qu'on lui fait commettre. Ce qu'il faut alors pour empêcher le mal qu'il peut faire, c'est le renfermer et l'instruire, mais ce n'est pas le tuer.

(3) Durant notre longue et triste révolution, beaucoup d'hommes s'obstinaient à voir les causes des événemens du jour dans les actes de la veille. Lorsque la violence, après avoir produit une stupeur momentanée, était suivie d'une réaction qui en détruisait l'effet, ils attribuaient cette réaction à la suppression des mesures violentes, au relâchement de l'autorité (1); mais il est dans la nature des décrets

(1) Les auteurs des dragonades faisaient le même raisonnement sous Louis XIV. Lors de l'insurrection des camizards, dit Rhulières (*Eclaircissement sur l'édit de Nantes*. 11, 278), le parti qui avait sollicité la persécution des religionnaires, prétendait que la révolte des camizards n'avait pour cause que le relâchement des mesures de rigueur. Si l'oppression avait continué, disaient-

iniques de tomber en désuétude; il est dans la nature de l'autorité de s'adoucir même à son insu. Les précautions, devenues odieuses, se négligent; l'opinion pèse malgré son silence; la puissance fléchit; mais comme elle fléchit de faiblesse, elle ne se concilie pas les cœurs. Les haines se développent; les innocens, frappés par l'arbitraire, reparaissent plus forts; les coupables, condamnés sans avoir eu le bénéfice des formes, semblent innocens; et le mal qu'on a retardé de quelques heures revient plus terrible, aggravé du mal qu'on a fait.

Article retranché par la censure dans le Mercure du 16 août dernier. Ce qu'il y a de bizarre, c'est que cet article était tiré mot pour mot d'un ouvrage que j'ai publié en mars 1814, qui a eu quatre éditions successives, et dans lequel personne n'avait trouvé d'opinions répréhensibles. Comment ce qui était innocent alors serait-il devenu coupable aujourd'hui ?

(4) Les formes sont une sauve-garde : l'abréviation des formes est la diminution ou la perte de cette sauve-garde : l'abréviation des formes est donc une peine. Si vous infligez cette peine à un accusé, c'est donc que son crime est démontré d'avance; mais si son crime est démontré, à quoi bon un tribunal, quel

---

ils, il n'y aurait point eu de soulèvement; si l'oppression n'avait point commencé, disaient ceux qui s'étaient opposés à ces violences, il n'y aurait point eu de mécontens.

qu'il soit ? et si un crime n'est pas démontré, de quel droit le placez-vous dans une classe particulière et proscrite, et le privez-vous sur un simple soupçon du bénéfice commun à tous les membres de l'état social ?

Ce sont des séditieux, dit-on, des conspirateurs auxquels on enlève le bénéfice des formes. Mais avant de les reconnaître pour tels, ne faut-il pas constater les faits ? Or, que sont les formes, sinon les meilleurs moyens de constater les faits ? S'il en existe de meilleurs ou de plus courts, qu'on les prenne : mais qu'on les prenne alors pour toutes les causes. Pourquoi y aurait-il une classe de faits sur laquelle on observerait des lenteurs superflues, ou bien une autre classe, sur laquelle on déciderait avec une précipitation dangereuse ? Le dilème est clair. Si la précipitation n'est pas dangereuse, les lenteurs sont superflues; si les lenteurs ne sont pas superflues, la précipitation est dangereuse. Ne dirait-on pas qu'on peut distinguer à des signes certains et infaillibles, avant le jugement, les hommes innocens et les hommes coupables; ceux qui doivent jouir de la prérogative des formes, et ceux qui doivent en être privés ? C'est parce que ces signes n'existent pas, que les formes sont indispensables; c'est parce que les formes ont paru l'unique moyen de discerner l'innocent du coupable, que tous les peuples libres et humains en ont réclamé l'institution.

Et remarquez que lorsqu'il s'agit d'une faute légère, et que l'accusé n'est menacé ni dans sa vie ni dans son honneur, l'on instruit sa cause de la manière la plus solennelle : mais lorsqu'il est question de quelque attentat qui entraîne et l'infamie et la mort, l'on supprime d'un mot toutes les précautions tutélaires, l'on ferme le code des lois, l'on abrège les formalités, comme si l'on pensait que plus une accusation est grave, plus il est superflu de l'examiner.

Article retranché par la censure dans le Mercure du 16 *août dernier.* L'observation par laquelle la note précédente se termine, se reproduit ici. Tout ce morceau est tiré de mes *réflexions sur les constitutions et les garanties* publiées en 1814, et qu'on avait trouvées pleines de modération, ou plutôt, j'avais transporté dans ces *réflexions* cette partie d'un discours prononcé au tribunat en 1801 contre les tribunaux spéciaux : car je n'ai dit en 1814 que ce que j'avais dit en 1801, et je ne dis, en 1817, que ce que je disais en 1814. Mais pourquoi ce morceau a-t-il été retranché par la censure actuelle ? comment peut-il y avoir de l'inconvénient à imprimer que les formes sont une sauve-garde, que la précipitation est dangereuse, et qu'il ne faut pas soumettre un homme à une peine, avant qu'il ne soit jugé ?

Tel est le mauvais effet de la censure, que ceux qui l'exercent ne savent ni ce qu'ils doivent proscrire, ni ce qu'ils doivent tolérer. Plusieurs censeurs, ceux du Mercure entr'autres sont très-éclairés, très bien intentionnés ; mais ni les lumières ni les bonnes intentions ne servent quand on est chargé d'une fonction dont l'arbitraire est la base. On marche sans règle, on s'agite, on se tourmente, on tourmente les autres, et le résultat est pourtant que ce qui ne s'écrit pas se pense, que ce qui ne s'imprime pas se dit, avec plus d'amertume seulement, parce qu'on est irrité des gênes qu'on rencontre, comme un homme parle nécessairement plus haut, lorsqu'on essaie d'étouffer sa voix.

(5) Peut-être une portion de ce que je dis sur l'Angleterre n'est-il applicable qu'à l'état où elle se trouvait il y a quelques temps. Des observateurs judicieux ont cru s'apercevoir que son esprit national et la marche de son gouvernement avaient pris dans ces dernières années une direction nouvelle. Mais je n'y verrais qu'une raison de plus d'être fidèle à la liberté en France. Ce serait un bel héritage à recueillir, et aucune gloire ne manquerait à notre patrie, si elle devenait à son tour *la terre classique de la liberté.*

De l'Imprimerie de RENAUDIERE, rue des Prouvaires, n°. 16.

www.ingramcontent.com/pod-product-compliance
Lightning Source LLC
LaVergne TN
LVHW010036230826
846091LV00005B/1723

* 9 7 8 2 0 1 2 8 7 0 8 6 4 *